Anonymus

Beurtheilung der Gaßnerischen Wunderkuren

Anonymus

Beurtheilung der Gaßnerischen Wunderkuren

ISBN/EAN: 9783743344860

Hergestellt in Europa, USA, Kanada, Australien, Japan

Cover: Foto ©ninafisch / pixelio.de

Manufactured and distributed by brebook publishing software (www.brebook.com)

Anonymus

Beurtheilung der Gaßnerischen Wunderkuren

Beurtheilung der Gaßnerischen Wunderkuren,

von einem Seelsorger und Eiferer für die Catholische Religion.

1775.

Seit dem es mit den wunderlichen Kuren stille ist, die sich auf dem Grabe des Jansenistischen Diakons Paris mit den Convulsionairs und Securisten in gegenwärtigem Jahrhunderte zugetragen; seit dem sind in dieser Art keine dergleichen mehr gewesen, welche die Aufmerksamkeit des Pöbels sowohl als der Gelehrten auf sich gezogen, als die Kuren des Herrn Gaßners. Sie sind merkwürdig und verdienen geprüft zu werden. Es ist unvernünftig sie auszuzischen, und aus keinem andern Grunde zu verwerfen, als weil sie

uns unglaublich scheinen. Wenn diese Logik geltend gemacht würde; so hätten die Deisten gegen uns ein gewonnenes Spiel und könnten ihren Unglauben in Absicht auf unsere Religions-Wunder vertheidigen. Unvernünftig aber ist es, diese Kuren nur gerade hin für Wunder zu halten, und deswegen Herrn Gaßner zu einem Mirakelmacher umzuschaffen: denn so lange noch eine Möglichkeit statt findet, natürliche Ursachen dieser Kuren aufzuspühren; so lange ist Gaßner kein Mirakelmacher. Aberglauben und Unglauben müssen unterschieden werden.

Ueber diese Sache läßt sich kaum was schreiben. Der grosse Haufe, und, leider daß ich es sagen muß, selbst auch Gelehrte mit gerechnet, ist nun einmal für den Herrn Gaßner so eingenommen, daß man Gefahr lauft, als ein Ketzer, Freydenker, böser Christ u. s. w. ausgeschrien zu werden, wenn man Zweifel über diese Wunderkuren vorbringen will. Man muß derbe Grobheiten verschlucken können, wenn man mit einem Gaßnerianer reden will.

Siche-

Sichere Nachrichten einzuziehen, was für Kuren und auf was Art sie Herr Gaßner macht, ist eben so schwer. Der sicherste Weg wäre dieser, den Kuren selbst beyzuwohnen, und auf alles genaue Obacht zu haben. Allein die Beispiele anderer, die dieses gewagt haben, müssen jeden ehrlichen Mann, der sich nicht gerne herumhudeln läßt, abschrecken. Bald ist man vor den Teufeln nicht sicher, bald vor den Gaßnerianern. Wenn gleich unter hundert Personen, die besessen seyn wollen, vielleicht nicht eine besessene ist; so gönnet man ihnen doch die Freyheit bald diese bald jene Alfanzerey zu spielen, und die ehrlichsten Leute anzugreifen, wobey es an dem Gelächter des Pöbels nicht fehlet. Macht man keine Einwürfe, so wird man nicht genug belehrt; macht man sie, so hat man schon den Pöbel gegen sich, dann muß man sich manche unfreundliche Rede gefallen lassen, und was noch das ärgste ist; so lauft man Gefahr Ehre und guten Namen zu verlieren. Dies ist noch nicht genug, man muß sogar die tollesten Streiche von sich erzählen lassen, und die schwäbisch = und bayerische Welt spricht nachtheilig von solchen Zweiflern.

lern. Der gelehrte Theatiner von München, Don Ferdinand Sterzinger, ist ein Beispiel von dergleichen Behandlungen. Man erzählt so viel lügenhaftes, verläumderisches und fabuloses von ihm, daß man glauben möchte, Bayern sey vom Lügengeist besessen. Man trägt eine Protocollmäßig gedruckte Beschreibung des Münchner Teufels in der Person der Maria Anna Oberhuberin (soll heissen Trefflerin) herum, worinn Herr Sterzinger biß zum Abscheu, aber auch zu seinem Trost von einem gar einfältigen Teufel mißhandelt wird. Der Teufel, oder vielmehr diese niederträchtige und äusserst boshafte Kreatur sagte von ihm, es nähme sie Wunder, daß man diesen Pfaffen so lange leide, denn da er an keinen Teufel glaubt; so glaube er auch an keinen Gott, und damit hat er die Ehre ein Atheist zu seyn, ohne daß er weiß, wie er dazu gekommen. Gewiß, nur der dummste Teufel war fähig so etwas zu sagen, und nur der dummste Pöbel ist fähig so etwas zu glauben. Der grundgelehrte Sterzinger, der nur die zu sehr ausgedehnte Macht des Teufels bestrei-

bestreitet, und folglich dadurch das Daseyn der Teufel voraus sezt, wie aus seinen Schriften von der Hexerey genugsam bewiesen werden kann, soll keinen Teufel und folglich auch keinen Gott glauben? ein sauberer, aber auch dem Gesetze der Nächstenliebe widersprechender Schluß! unterdessen gilt er, und man fährt fort seine Ehre zu schänden. Wem soll die Lust, einen Zweifler zu machen, nicht vergehen?

Will man also nicht selbst Augenzeuge des ganzen Verfahrens seyn, an wen soll man sich halten? Es bleibt uns also nichts übrig, als die Erzählungen; und zum Unglücke sind auch diese in der nemlichen Sache widersprechend, und die Zuschauer, auch von den Gelehrten, sind meistens keine Philosophen.*) Es ist wahr,

*) Die aufgedeckten Gaßnerischen Wunderkuren beweisen, daß sie von einem Augenzeugen und einsichtsvollen Philosophen geschrieben worden. Wenn noch ein solcher Philosoph mit seinen Gedanken heraus rücket; so ist es mit Herrn Gaßner geschehen. Duo testes oculares faciunt plenam probationem.

der Grundsatz, daß der Zuschauer Philosoph seyn müsse, gilt, allgemein genommen, nicht, sonst würden die Wunder Christi und der Apostel selbst bestritten werden, weil diese doch nicht allemal unter den Augen der Philosophen verrichtet worden.*) Ein Zuschauer eines Wunderwerkes braucht nichts als gesunde Sinne, Augen und Ohren. Soll es ein wirkliches Wunder seyn; so muß alsdann Vollkommenheit und Bestand da seyn, das ist, man muß zuvor entweder wissen, oder von untadelhaften Zeugen belehrt worden seyn, daß der Kranke würklich krank war, daß er nunmehr hergestellt ist, und daß er hergestellt bleibt. So bald aber die Hülfe des Wunderthäters nicht vollkommen ist, so bald man sicher und aus zuverläßigen Gründen weiß, daß der Kranke rückfällig geworden; so hat doch

---

*) Die Wunder Christi und seiner Apostel sind mit den vorgegebenen Wundern des Herrn Gaßners freylich in kein Verhältniß zu setzen; und es wäre Kühnheit, wann ich dieses zur Absicht hätte. Christus war allmächtig, diese Eigenschaft kommt ihm als GOtt zu, und durch die Allmacht that er Wunder. Und was ist Herr Gaßner? — — —

doch jeder vernünftige Mensch das Recht, an
den Wundern zu zweifeln, er darf sich erkundigen, wie und auf was Weise bey der
Heilungsart zu Werke gegangen, und dieß
kann ihm Niemand zuverläßiger sagen,
als eben der Philosoph.

Wendet man sich mit seiner Frag' an
andere, so wird man nicht mehr sicher genug
belehrt. Ich setze hier einen einzigen Satz
voraus, den Niemand bestreiten wird, und
dieß ist dieser, daß wir von einer Handlung, die uns unbegreiflich ist, ganz dahin
gerissen werden. Erzählen wir nun diese
That andern; so glauben wir ein Recht zu
haben, von ihnen eine eben solche Begeisterung zu fordern, die wir an uns verspühren. Der Zuhörer bringt uns Zweifel vor,
an die wir in der Hitze der Begeisterung
nicht gedacht haben. Sollen wir nachgeben?
Ey dazu ist unsere Eigenliebe nicht gemacht, wir müßten uns schämen, auf die
Fragen des Zweiflers keine Antwort geben
zu können. Geschwind haben wir eine, um
nicht nachgeben zu dürfen; so ungereimt
auch diese Antwort ist. Wir erzählen

Sachen mit solcher Dreistigkeit, als wenn wir selbst Augenzeugen davon gewesen wären, und so verfährt man auch wirklich in dem Handel des Herrn Gaßners. Man erzählt Wunder über Wunder, und will sie jemand nicht glauben, weh ihm! der gute Zweifler muß nachgeben, wenn er nicht zu einem Freygeist werden will. Manchmal mußte ich mir solche Erzählungen gefallen lassen. Ein Augenzeuge sagte mir das, ein anderer was anders. Aber die Ehre als ein Unglaubiger gescholten zu werden, war mir nicht so gleichgültig, daß ich nicht Bescheidenheit zu gebrauchen wüßte. Ich mache diese kleine Anmerkung. Es ist nöthig die jungen Leute zu einer gesunden Logik anzuführen, damit sie bey Zeiten die Glaubwürdigkeit der Zeugen, und das Gewicht ihrer Zeugnisse prüfen lernen. Es ist nöthig sie in der ganzen Philosophie zu üben, damit sie nicht alles vor Wunder halten. Unsere ehemalige Philosophie, auch die sogenannte neue, reicht gewiß nicht zu.

Kurz von der Sache zu kommen, man weiß nicht, woran man ist, wenn man sich
an

an Erzählungen hält. Die Erzählungs- und damit verbundene Vergrösserungsucht, die Begierde, andere in eine eben so grosse Verwunderung zu setzen, als die unsrige über eine Sache ist, muß uns gegen alle Erzählungen ein wenig mißtrauisch machen, absonderlich da wir so viel widersprechendes Zeug hören. Ich habe Kranke gesprochen, welche andere nach ihrer Zurückkunft von Ellwangen durchaus von ihrer Genesung überreden wollten, ungeachtet weder ich noch andere, die diese Kranke zuvor gekannt hatten, die geringste Besserung an ihnen wahrgenommen. Man hat mir einen Kranken gezeigt, der zuvor krumm war, und versicherte mich dabey, daß er nun hergestellet wäre. Aber er gieng noch krumm. Unterdessen hat sich der Lerm seiner Genesung in der ganzen Nachbarschaft verbreitet; und eben so ist es mir mit ein paar Besessenen ergangen. Soll dieses einen vernünftigen Menschen nicht berechtigen, daß er auf das grosse Geschrey, das von dem nunmehr Regensburgischen Exorcisten herum geht, noch eine kleine Untersuchung über seine Wunder anzu-

anzustellen, und wenigstens eine kritische Auswahl aus so vielen Erzählungen machen darf?

Aber ich habe noch eine weit bringendere Ursache dazu. Es giebt sehr viele, welche mit diesen Wunderkuren sehr hoch aufheben, und glauben, unsere Religion gewinne weiß nicht was dabey. Ich bin einer ganz andern Meinung, und ich fürchte eben das nicht so sehr, daß wir uns durch unsere Leichtgläubigkeit dem Gespötte der Protestanten blos geben. Wär' doch dies der Schaden alle. Allein ich behaupte, und will es unten beweisen, daß, wenn es mit diesen Kuren, und mit den Grundsätzen, worauf sie Herr Gaßner bauet, seine Richtigkeit hat, daß, sage ich, wir nicht mehr im Stande sind, die Wahrheit unserer christlichen Religion gegen die Deisten zu beweisen, oder daß wenigstens einer unserer Hauptbeweise durch diese Wunder sehr geschwächet werde. Wer die Sache einsieht, soll vielmehr wünschen, daß die Kuren des Herrn Gaßners die Probe nicht aushalten. Wenn ich sie bestreitte;

streitte, so geschieht es zum Besten unserer Religion, und ich verdiene nicht die beleidigenden Beynahmen eines frechen, eines unvernünftigen Zweiflers, eines Freygeistes, mit welchen nur kleine, unausgebildete, unphilosophische, und schiefdenkende Seelen um sich werfen. Der meynt es gewiß mit der Religion besser, der an diesen Kuren zweifelt, als der, welcher sie nur gerade hin glaubt.

Um einmal an die Sache zu kommen, so scheint es mir, daß eine unpartheyische Untersuchung über folgende Kapitel angestellt werden müsse.

I. Kapitel. Hat es mit den Kuren des Herrn Gaßners seine Richtigkeit? und wann dies wahr ist;

II. Kap. haben seine Kuren Bestand?

III. Kap. Sind sie Wunderwerke?

IV. Kap. Können sie natürlicher Weise verrichtet werden?

V. Kap. Soll man dem Herrn Gaßner sein Handwerk niederlegen? oder soll man ihn fortmachen lassen?

Erstes

Erstes Kapitel.

Hat es mit den Kuren des Herrn Gaßners seine Richtigkeit? Will eben so viel sagen, als, macht er Personen, die zuvor wirklich krank waren, gesund? Ich unterscheide zweyerley Gattungen der Krankheiten. In der ersten Klasse setze ich die Besessenen, (possessos,) und in die zweyte die Presthafte, die entwebers circumsessi, oder obsessi seyn sollen. Nun sage ich: Wirklich Besessenen kann der Herr Gaßner, so wie alle andere Priester durch den Exorcismum helfen, denn ich laugne nicht, daß es Besessene geben könne. Ob aber vor den Augen des Herrn Gaßners ein wirklich Besessener erschienen ist, stelle ich sehr in Zweifel. Wenn gleich Priester die Gewalt haben, Teufel auszutreiben; so müssen sie sich doch allezeit nach dem Formular der Kirche richten, und es ist ihnen vom Pabst Paul V. scharf verboten in exorcizandis obsessis wider den Ritum ecclesiae zu handeln, die von der Kirche vorgeschriegeschriebenen Exorcisten Gebethe beyseit zu legen, und die Besessene nach eigenem Willkühr zu beschwören, *) ja allerhand Fragen an den Teufel zu thun, welches mit der Austreibung des Teufels gar nicht in einer nothwendigen Verbindung steht. Es ist demnach eine kleine Charlatanerie, wenn man mit dem Teufel förmliche Gespräch hält, ihm allerhand Fragen vorlegt, und ihn allerhand lächerliche Gebärden, Sprünge und Tänze machen, auch

---

*) Der Paul Maria Cardi in seinen Commentarien über das Rituale Romanum de exorcizandis obsessis sagts ausdrücklich Commentar. in Document. XVII. pag. 434. *Hic advertat Exorcista ad amussim omnia, quae a Rituali traduntur, observanda esse, nec ipsi licitum esse, aliam formulam precum vel exorcismorum adhibere, nisi a nostro Rituali praescriptam.* Daher sind auch die exorcismi, die Peter Locatell am Ende des römischen Rituals beysetzte, von der Heil. Congregation den 11ten Jenner 1725. verboten worden. Ein gleiches Schicksal würden auch die Exorcismi des Herrn Gaßners haben, wenn sie zu Rom sollten untersucht werden. Die Romaner sprechen ohnehin nicht gut von dem schwäbischen Mirakelmann.

auch das stabat mater und das et incarnatus etc. singen läßt. Sagt der Teufel etwas auf solche Fragen aus, so wird ihm doch kein vernünftiger Mensch glauben, weil der Priester durch seine Weihung keine Gewalt hat, ihn zur Wahrheit im Reden anzuhalten, und auch selbst der Name JEsus gewiß nicht darum so kräftig ist, damit er uur unsern Fürwitz befriedige, oder uns einen Spas mache. GOtt thut auch nichts umsonst; und zu was für einer Absicht sollten wohl solche Teufels-Gespräche und närrische Possen dienen? Vielleicht uns im Glauben zu stärken? Ist aber unser Glauben nicht schon hinlänglich erwiesen? und ist das ein Beweiß, der es noch im Zweifel läßt, ob die hervorgebrachten Würkungen GOtt, oder dem Teufel zugeschrieben werden müssen? Solche Gespräche und Possen können dem allerheiligsten Namen JEsu! nicht zugeschrieben werden, und kommen sie vom Teufel, zu was sind sie alsdann nütze *)

Ich

---

*) Wenn der Herr Gaßner den Paul Maria Cardi in seinen Commentarien über das Ritual

Ich sage es noch einmal, daß vielleicht noch kein wahrer Besessener in die Hände des Hrn. Gaßners gerathen ist. Ich rede aus der Erfahrung, wenn ich behaupte, daß viele erst durch ihn auf den Gedanken gebracht worden sind, daß sie besessen seyen, ohne daß sie zuvor darauf gedacht hätten. Dieses habe ich selbst an einer Person erfahren; und das einfältige Betragen der Ellwangischen Teufel stärket mich noch mehr, daß ich vernünftig zweifeln könne, ob ein einziger, den Herr Gaßner für besessen hält, oder davor ausgiebt, wahrhaft besessen sey. Lächerlich ist es, daß er sogar wissen will, bey welcher Gelegenheit der Teufel in die Leute gefahren sey. Irre ich mich; so bin ich selbst von andern, und von der gemeinen Sage hinter das Licht geführt worden. Man erzählt, Herr Gaßner habe gewissen Personen gesagt, sie seyen am Tage ihrer Hoch-

zeit

Ritual S. 317. gelesen hätte; so würde er durch das unnütze Gespräch mit dem Teufel sich einiger Todsünde nicht theilhaftig gemacht haben: *peccare mortaliter*, sagt dieser Autor l. c. *qui longos et inutiles sermones cum daemone obsidente habet.*

B.

zeit mit dem Teufel besessen worden, sie
hätten den Teufel beym Caffee bekommen;
und bey der Münchnerischen Hofschmids-
Tochter Trefflerin, behauptete er sogar,
sie sey in Mutterleibe (o ärgerlicher Satz!)
mit vielen Millionen Teufeln besessen worden u. d. gl. Mit einem Wort, Herr
Gaßner wisse, was den Teufel veranlasset,
in diese oder jene Person zu fahren. Ist
dem also; so ist er eben ein solcher Idiot,
wie viele unserer Teufelsbanner und Hexengeißler sind, denen man solche Orakelsprüche
bisher passieren ließ. Oder hat er vielleicht, ausser der Gabe durch den Namen
JEsu Wunder zu thun, auch noch den pro-
phetischen Geist? Hat er vielleicht Einge-
bungen? Sind vielleicht diese Würkungen
und Folgen seiner Heiligkeit, oder gar des
heiligsten Namens? Es lassen sich weder
aus der Schrift, noch aus der Tradition
Zeugnisse aufbringen, daß man vergangene
Dinge ganz ohne Nothwendigkeit durch
diesen Namen werde wahrsagen können.
Kein Zigeuner ist verwegener!

Weil ich einmal bey den Besessenen bin,
so muß ich doch einige Anmerkungen voraus
schicken:

schicken. Erstens ist es gewiß, daß in protestantischen Ländern die sogenannten Besessenen viel seltener sind, als bey uns. Zweytens hört man bey uns auch unter Leuten von guter Erziehung seltner etwas von Besessenen, als unter dem einfältigen Pöbel. Ist vielleicht vor GOtt der gemeine Hauf mehr verachtet, als der Adel? oder sind bey diesem weniger Laster anzutreffen, daß sie so entsetzliche Strafen nicht verdienen sollten? und endlich woher kommen jezt auf einmal so viele Besessene, von denen man vorher nichts gewußt? der arme Teufel muß die Staatskunst nicht studirt haben, und dies schließ ich daraus, daß er sich zu eben einer Zeit verrathen, wo man ihm seine Herrschaft gestuzt hat. Hat es nicht die Bewandniß, wie bey den neuen Wallfarthen, wo häufig Besessene zulaufen? Ihre Anzahl richtet sich gemeiniglich nach der Dumheit des Exorcisten. Und noch einmal: Warum sind die Besessenen insgemein Frauenzimmer, das auch bey den Hexen eintrifft?

Wenn ich Besessene betrachte: so sind sie Leute, die eine sehr lebhaffte Einbildungs-

kraft

krafft haben, und überdieß noch Weibsbilder aus dem Pöbel, deren Verstand roh gelassen, und im geringsten nicht ausgebildet wird. Die Doctores sagen, die Hexerey habe von Hysterischen Umständen, von Nerven-Krankheiten, von der Milz-Sucht ihren Ursprung. Dadurch, weil solche Personen meistentheils mit einem gewißen Grade des Wahnwitzes behafftet sind, wie H. v. S. in seinen Bemerkungen saget, wird ihre Einbildungskrafft in Unordnung gebracht, und zu tausend wahnwitzigen Handlungen verleitet, welche die Blöden für Besitznehmung des Teufels halten. Dazu kommt noch die Begierde, Mitleyden zu erregen, und Allmosen zu erhalten, und was noch das ärgerlichste ist, die Boßheit, die Gefährtinn eines zerstörten Gehirns. Je aufgeklärter eine Provinz ist, desto weniger kommen Besessene zum Vorschein, und doch trifft es durchaus nicht ein, daß die Laster mit der zugleich wachsenden Aufklärung in einem umgekehrten Verhältniße stehen. Vielmehr nimt auch alsdann jede Gattung der Ausschweifungen überhand, und da sollte Gott nicht ehender mit Teufels-Besitzungen straffen? Da, wo das Fluchen und Verwünschen mehr im Schwan-

Schwange ist, wo die Leidenschafften ihre alte Stärke mehr verkleistert beybehalten, mit einem Wort, wo ärgerliche Sünden herschen? Nur die guten Unschuldigen, nur die einfältigen Seelen, nur die soll das Unglück treffen, daß der Teufel in sie fährt, und das sind doch die armen Bauern und Bettlers-Seelen, welche man darunter versteht; wie soll sich also das alles mit der Gerechtigkeit Gottes zusammen räumen, wie soll es sich mit derselben vereinigen lassen?

Gott läßt die Unschuldigen versuchen, um sie zu prüfen, und man weiß, daß die Besessenen so selten nicht sind, als man vermeinte. Jetzt hat es sich gezeigt, daß viele Besessene waren, ohne es zu wissen. Herr Gaßner sagte es ihnen, und der Teufel mußte sich auf sein Præceptum zu erkennen geben. Es gibt aber in allen Ständen unschuldige, die eine Prüfung nöthig haben, und warum werden dann nur die vom niedrigsten Stande durch die leibliche Besitzung des Teufels versuchet? Auffer den fabulosen Exempelbüchern wird man kaum einen Besessenen vom hohen Stande antreffen. Das muß man jetzt freilich zugeben, daß wir durch

den

den Vorschub des Herrn Gaßners etlich hundert Besessene mehr haben. Soll uns aber ein solcher nicht verdächtig werden, der so zu sagen alles verteufelt, und überall Teufel, wie die Schatzgräber überall einen Schatz, und die Malefiz Patres überall Malefiz finden? Ja, die Zeichen, die der Teufel gab, das Praeceptum probativum sichert uns gegen alle Hintergehung. — Nun die Zeichen! Alle Besessene läugne ich nicht, aber ich würde auch nicht alles für sich vor Kennzeichen einer Teufels-Besitzung halten, was Herr Gaßner dafür ausgiebt. Mich überzeugen nur drey Stücke: 1) wenn der Besessene fremde Sprachen redet und verstehet, die er niemals gelernt hat, 2) wenn er von vergangenen ihm unbekannten Dingen nach der Wahrheit spricht, wobey jedoch schon eine behutsame Prüfung nöthig ist, 3) wenn er eine übermenschliche Kraft besitzet. Von der ersten Gattung giebt man unterschiedliche Proben an, die in Ellwangen gemacht worden. Ein Teufel soll mit einem Domherrn in vielerley Sprachen geredt haben. Ein anderer konnte mit dem Herrn Grafen von Seinsheim kein französisch

zbfisches Wort reden mit der Entschuldigung, seine Kreatur habe keine Uebung zu ausländischen Sprachen. Wenn beyde Erzählungen wahr sind, so haben doch die zween Teufel nach entgegen gesetzten Grundsätzen gehandelt. Der eine redte fremde Sprachen, und das hinderte ihn nicht, daß seine Kreatur keine Uebung hatte. Denn hätte sie eine gehabt; so hätte das Sprachreden ohnehin aufgehört, ein Zeichen der Teufels-Besitzung zu seyn. Der andere wurde durch den Abgang der Uebung gehindert, französisch zu reden. Daß der Teufel die Sprachen versteht, das glaube ich; allein wie kann einer reden, und der andere nicht, da beyderseits die Kreatur nicht stumm war? An der ersten Erzählung zweifle ich. Die Sprachkenntniß dieses Domherrn mag vielleicht an sich selbst nicht gar zu groß seyn. Oder vielleicht hat er sich eine Ehre machen wollen, um von den Anwesenden wegen seiner weitläuftigen Sprachkenntniß bewundert zu werden? und was thut die Ruhmbegierde nicht? Es ist glaublich, und wer sollte daran zweifeln, daß alle damals Anwesende von den orientalischen Sprachen nichts verstunden, und vielleicht der Domherr selbsten, nach Art Windmachender Gelehrten, aus diesen etwa nur einige Worte wußte. Kein förmliches Gespräch wurde ohnehin nicht geführt, und der gute Domherr begnügte sich, nichtsbedeutende Worte von der geglaubten Besessenen anzuhören.

Man erzählt auch, Herr Gaßner kommandire lateinisch, und die Besessenen folgen ihm, man sagt aber dabey, daß er bey den meisten Kuren diesen unvergleichlichen Vortheil gebrauche, mitten unter der Operation abzubrechen, mit andern zu reden, und sehr oft von dem Gegenstande seiner Kur abzugehen. Er erzählt zu Zeiten, was er thun wolle, sagt zuvor deutsch, was er lateinisch befehlen will, und das sehr schnell aufeinander, und daher ist es möglich, daß die sogeglaubte Besessene dem lateinischen Kommando folgen.

Man wird mir dagegen einwenden: das thut Herr Gaßner nicht allzeit. Aber wenn man die ungünstigen Umstände so genau bemerkte, wie die günstigen; so würde man auch bemerkt haben, was auch andre wirk-

wirklich bemerkten, daß er oft umsonst befiehlt, und daß auf seinen Befehl nichts erfolget. Er gebietet oft: Moveas pedem sinistrum, wo sich das Gegentheil zeigt, und sich entweder der rechte Fuß, oder eine Hand bewegt. Manchmal hält er sogar den Besessenen, wann er schon angefangen hat, das unrechte Glied zu bewegen. Wer sich besessen anstellen will, der weiß zuvor, daß die Beschwörer ein Zeichen an einem gewissen Gliede verlangen. Redet der Beschwörer deutsch, so kann man ihm leicht folgen, redet er lateinisch, so trift es manchmal ungeschickter Weise, und also nur von ungefähr zu, manchmal fehlt er, und manchmal korrigirt er den Ungeschickten mit Zurückhaltung. Könnte wohl die Komödie natürlicher gespielt werden? Allein, die eingenommen sind, legen den Fehler ganz gütig aus. Ein Bader oder Quacksalber, wenn er einmal im Credit steht, kann hundert Kuren vornehmen, und alle dürfen ihm mißlingen, es wird keinen so grossen Lärmen machen, als eine einzige vielleicht von ungefähr wohl ausgefallene Kur. Aus den Sprachen also, die von Besessenen in Ell-

wangen

wangen geredet, oder verstanden worden sind wird sich für die wirkliche Besitzung des Teufels nicht viel herleiten lassen. Ich habe die Facta untersuchet, die an mich gekommen sind; mich aber haben sie nicht überzeuget.

Die Erzählung vergangener unbekannter Dinge wäre das andre Zeichen. Ich verwerfe hier alles mit Grund, womit sich das gemeine Volk trägt. Die merkwürdigste Geschichte in diesem Fach, wird wohl des sogenannten Münchner Teufels seyn. Es laufen Aufsätze herum, die bey der Handlung selbst verfertigt worden seyn sollen, und ich habe deren zweyerley gelesen, die sich in einigen Stücken widersprechen, vermuthlich weil die Schreiber nicht im Beschwörungszimmer selbst alles zu Papier gebracht, sondern erst hernach das gehörte aus ihrem oft ungetreuen Gedächtniß niedergeschrieben haben; ja oft haben sie die Handlungen der Besessenen auch nicht einmal genau bemerken können, daran doch immer mehr gelegen ist, als an dem unnüzen und leeren Geschwäze der Besessenen.

Ich

Ich halte mich nun an den gedruckten Aufsatz. Es ist wahr, die Reden dieser Personen können einem jeden an einem Weibsbild wunderlich vorkommen, insonderheit demjenigen, der München nicht kennet. Allein da ich sie aufmerksam durchlesen, hab' ich weiters nichts darinn gefunden, als das, was man in dieser Stadt oft sagen hört. Es wird von jedem Schneidermeister auf der Bierbank über die Hexenläugner und über die deutsche Sprache geschmäht. Ja diese arglistige Münchnerin hat nichts gesagt, was ihr nicht von verschiedenen Exorcisten schon öfters ist vorgeplaudert worden, und was sie nicht in den Conversationen gehört hat. Es kömmt in dem ganzen Gespräche nichts vor, was auf Rechnung des Teufels geschrieben werden soll, und der Teufel hätte doch auch sagen sollen, wie sie zu Freysingen wegen ihrer Boßheit gepeitscht worden ist.

Ich komme zum dritten Zeichen der Teufels-Besitzung, zu der übernatürlichen Kraft eines Besessenen. Ich bediene mich deswegen dieses allgemeinen Namens, um dadurch

dadurch Geschwindigkeit, Stärke, geschickte Bewegungen der Organen ꝛc. anzuzeigen. Was hat man aber in dieser Gattung für ein Kennzeichen, das natürlicher Weise uns möglich gewesen wäre? Die Besessene haben getanzt, fünf Schuh hoch Sprünge gemacht, gesungen, gepfiffen, und dies alles in Kraft des H. Namen JEsus. Aber noch mehr, sie haben ihre Finger steiff gemacht, daß selbige Niemand bewegen konnte; sie haben sich mit den Füssen an die Mauer hingestemmt, daß niemand im Stande war, sie hinweg zu reissen, und einer stieß gar die Stirne auf einen Schreibzeug so stark hin, daß derselbe in sieben Stück zersprang, ohne sich selbst einen Schaden zu thun.

Man vergleiche aber alle diese Dinge, die man von den Ellwangischen Besessenen erzählt, mit den Handlungen eines Wahnwitzigen, eines Dummen, zum Zorn gereizten, oder eines mit der fallenden Seuche behafteten Menschen. Wer weiß nicht, daß diese Menschen auch ohne alle Beyhülfe des Teufels eine ausserordentliche Stärke äussern, die man an einem Gesunden, oder ausser der Hitze des Affekts nicht wahrnimmt?

nimmt? Herrn Gaßner giebt selbst zu, daß diese Krankheiten, und folglich auch die Würkungen derselben oft natürlich seyn. Wie wenn nun die besessene Person, die ihre Finger auf den Tisch, oder ihre Füsse gegen die Mauer gestemmet, weiter nichts als eine Krankheit gehabt hätte, die mit dem Wahnwitz, mit der fallenden Seuche in einem niedern Grade harmonirte? Wenn diese Krankheit durch die unten anzuzeigenden Mittel rege gemacht worden wäre; würde sich diese Stärke nicht natürlich erklären lassen? Die Möglichkeit einer solchen Krankheit können die Aerzte allein einsehen, und sie verfallen auch wirklich auf Hysterische, oder Nerven-Krankheiten. Eine Erscheinung, die wunderbarer als die Ellwangische ist, ist wohl diese, daß es Leute giebt, ohnerachtet sie selbst ihre Unwissenheit im medicinischen Fach eingestehen, die doch den Herren Aerzten die Möglichkeit solcher Krankheiten abläugnen wollen.

Was aber die Sache noch leichter macht, ist dies, daß es mit der vorgeblichen Stärke dieser Besessenen noch seine ganze Richtigkeit nicht hat. Ein Augenzeuge in seinen

zum

zum Druck beförderten Bemerkungen versichert, daß man ohne Mühe doch die Finger vom Tische, und die Füsse von der Mauer habe wegreissen können. Wem soll man nun glauben? Ich will nichts entscheiden, doch gilt bey mir das Zeugniß eines sorgfältig prüfenden Zuschauers allemal mehr, als hundert andre Lobredner des Herrn Gaßners.

Die Besessene haben ausserordentliche Sprünge gemacht, mit einer unglaublichen Geschwindigkeit getanzet, gesungen, und so gar lateinisch gesungen — Ist dies alles wahr? und wenns wahr ist, lassen sich denn die Sprünge und das Tanzen nicht eben so wohl natürlich erklären, wie die ausserordentliche Stärke? Dies ist auch wahr, denn es sind Handlungen eines Kranken. *)

Hätte

---

*) Vielleicht lacht man aus vollem Halse, daß ich das Tanzen und Springen für Handlungen eines Kranken ausgebe. Vielleicht nimmt gar ein witziger Kopf Gelegenheit einen sinnreichen Gedanken zu sagen. Das soll ihm von Herzen gegönnt seyn. Wenn es keine Kranken gäbe, als die im Bette liegen: so hätte ich freilich zimlich lächerlich geredt. Allein Hysterische, Hypochondri-

Hätte ich in dieser Sache einen uneingenommenen Augenzeugen sprechen können, vielleicht wären die Sprünge nicht so hoch, und der Tanz nicht so geschwind ausgefallen. Was das lateinische Gesang betrift, wundre ich mich, daß dieser Teufel, ohngeachtet seine Kreatur keine Uebung hatte, doch lateinisch singen können. Aber der Teufel, so mit dem Grafen von Seinsheim französisch sprechen sollte, war viel ungeschickter. Es ist auch endlich wohl möglich, daß die Weibspersonen zwey lateinische Worte daher lallen, als z. B. quis ut Deus, Et incarnatus, stabat Mater, u. s.

---

chondrische, halb wahnwitzige Kranken u. d. g. wandeln unter uns herum; und daß die Seele bey dem Anfall eines Paroxismus im Stande sey, die Glieder heftig und mit einer ungewöhnlichen Geschwindigkeit zu bewegen, sehen wir ja deutlich in Convulsionen. Zum Tanzen und Springen gehört aber nur eine heftige und geschwinde Bewegung. Was die Seele bey Convulsionen im kleinen thut, das kann sie bey einer harmonirenden Krankheit auch im großen thun. Die sogenannte Besessenen bezeugen nach dem Paroxismus, daß sie nichts um sich gewußt haben, und abgemattet sind, wie die Kranken nach ausgestandenen Krämpfungen.

u. s. w. einen förmlichen lateinischen Diskurs aber hat noch keiner von einer Besessenen in Ellwangen gehört.

Jedoch das Praeceptum oder der Exorcismus probativus zeiget deutlich, daß diese Würkungen vom Teufel herrühren. — Ich will meine Gedanken über diese Beschwörungsart sagen: Ich setze als eine angenommene Wahrheit voraus, daß die Exorcisten Macht haben, den Teufel auszutreiben. Sie müssen diese Macht von Christo selbst haben, und ohne eine absonderliche Ertheilung Christi würde die Kirche sie nicht verleihen können. Allein wo findet sich eine Spuhr einer Verheissung Christi, daß der Teufel auf den Exorcismum probativum in Zeichen seiner Besitzung geben müsse? Schrift und Tradition wissen nichts davon. Es ist auch diese vorläufige Prüfung per exorcismum nicht nothwendig zur Austreibung der Teufel. GOtt hat uns eine Vernunft gegeben, durch welche wir untersuchen können, ob eine Person besessen sey, oder Malefitz habe. Denn eine Person, die besessen oder verhext seyn will, muß doch Zeichen dieser Uebel von sich geben,

ben, die uns in dieser Meynung steifen können; sonst ist es unvernünftig, etwas übernatürliches bey ihr zu vermuthen, so lange die Sache noch natürlich ergehen kann, und sie dem Exorcisten vorzuführen. Diese Zeichen habe ich oben angeführt. –Sind aber diese Zeichen schon da, wozu ein Exorcismus probativus? zu mehrerer Bestärkung? Warum brauche ich bestärken? Ist es denn so ein Fehler, wenn ich über eine solche Person mein Gebet verrichte, in der Meynung, daß sie vom Teufel geplagt sey, nachdem mich die Vernunft schon davon überzeugt hat, daß mir GOtt nothwendig zuvor ein Zeichen geben muß? Es ist also auch richtig, daß der Exorcismus probativus gleichwie von Christo nicht eingeführt, so auch zur Austreibung der Teufel nicht nothwendig sey. Auch die Kirche hat diesen Exorcismum nicht eingeführet, und kann ihm keine Kraft geben, wenn das vorläufige Versprechen Christi dazu fehlet. Sie hat zwar diese Exorcismos probativos geduldet, wie sie andere Mißbräuche bis auf einen gewißen Zeitpunkt duldet. Wie kann man es also verantantworten, daß man in Ellwangen, nach dem allgemeinen Gebrauche aller Hexengeißler und Beschwörer, die Besessenen, die man da für würklich Besessene hält, Stunden lang vom Teufel zerren, quälen, und abmartern läßt? Soll der heilige Name JEsus dazu dienen, diese armseelige Menschen nach dem Willen des Herrn Gaßners zu martern, und sie krank zu machen? Wie fürchterlich wird mir dieser Name! Ich dachte immer, er sey nur darum kräftig, damit er die Menschen gesund mache, nun aber hilft er auch die Leute krank zu machen.

Ja, das geschieht nur die Unglaubigen von der Gewalt und dem Daseyn der Teufel zu überzeugen. Eine erschreckliche Sittenlehre, und jener alten Zeiten des Faustrechts würdig, und nicht viel besser, als die ehemalige Feuerprobe. Ich frage erstens, was hilft auch diese Ueberzeugung? Soll man vielleicht dadurch den Teufel und seine Macht fürchten, dabey aber auch ein Vertrauen auf den heiligen Namen JEsu schöpfen lernen? Würde dieses Vertrauen

trauen nicht aus einem sehr unwürdigen und niedrigen Grunde herfließen? Ist jener Grundsatz: vertraue auf Christum, der mit seinem Verdienste auf einmal alle Macht des Teufels gestört hat; ist dieser Grundsatz nicht schöner, nicht der göttlichen Vorsicht würdiger? wenn ich mein Vertrauen auf Christum setze, kann mir die ganze Hölle nicht schaden. Die Gaßnerische Ueberzeugung wäre höchstens nur für schlecht von Christo unterrichtete Christen, und was nützt bey Leuten dergleichen elende Ueberzeugung, die nicht im Stande sind überzeugt zu werden? Was heißt bey diesen Ueberzeugung? Ein klein Bischen mehr als ein blauer Dunst vor die Augen. Zu geschweigen, daß bey Einfältigen das Vertrauen auf den heiligen Namen nicht eben gar groß seyn wird, da sie sehen, daß der Teufel selbst nach dem Tode Christi noch so viele Gewalt beybehalten hat, und jezt dieser Name als ein Werkzeug, die ohnehin Elenden noch mehr zu peinigen, gebrauchet wird. Zweytens, welche Sittenlehre erlaubt es, seinen Nebenmenschen auf gerathewohl hinzumartern, pur um andern eine Lehre zu geben? Ich habe oben schon erinnert, daß zur Heilung des Patienten selbst die Exorcismi probativi nicht nöthig sind. Darf ich jemand verwunden, wann ich nicht gewiß weiß, daß ich ihn auch heilen kann, gesetzt auch, daß dieser sich freywillig anbiethet? Wir wissen aber, daß Herr Gaßner Stunden lang einige gemartert hat, die er selbst für Besessene gehalten, und denen heute noch nicht geholfen ist. Man wird das Exempel von Torturen anwenden; aber so wäre Herr Gaßner ein geistlicher Scharfrichter. Was soll ich also von einem solchen Exorcisten halten, der nur aufgestellt ist, einen Scharfrichter abzugeben, um seine Kreaturen auf die Folterbank zu legen und zu martern? Der einen Exorcismum probativum macht, davon weder die Kirche eine Vorschrift giebt, noch ein einziger Theolog ein solches Verfahren gut heissen kann? Wie soll ich glauben können, daß der famose Exorcist Gaßner nur einen Teufel von einer besessenen Person hinausgejagt habe, da keine einzige unlaugbare Probe einer wahren Besitznehmung in Ellwangen vorgekommen ist?

ist? da kein Teufel weder fremde Sprachen reden, noch ein verborgenes Ding entdecken, noch seine Kreatur in die Luft erheben konnte, welche Zeichen man doch von einem Besessenen fordern sollte. Fluchen, Sakramentiren, Gottsläſtern, Wüten, Toben, abſcheuliche Geberden machen, ſind keine Zeichen einer Beſitznehmung.

Zweytes Kapitel.

Ich komme nun auf die Gaßneriſche Kuren und deren Beſtand. Es iſt alſo die Frage: Wird den vielen Beseſſenen in Ellwangen geholfen? O meine Herren! darüber läßt ſich noch vieles reden. Ich will hier gleich von allen Kranken insgeſammt reden, die in Ellwangen kurirt worden ſeyn ſollen. Ich ſage 1) daß manchem eine Linderung verſchaft worden ſeyn mag, 2) daß einem oder dem andern vielleicht auf eine Zeit geholfen iſt, das aber 3) von den meiſten ungewiß iſt. Dabey ſage ich rund heraus, daß der Name JEſu in dem Gaßnerischen Mund nur ein Deck,mantel sey, und daß Herr Gaßner kein Exorcist, wohl aber ein guter Bader seyn mag; wie sich dieses in folgendem zeigen wird. Und dieß ist der kurze Innhalt dessen, was ich jezt mehr zu entwickeln gedenke.

Allgemeine Anmerkungen gehen wieder voraus. Woher weiß man erstens, daß in Ellwangen den Kranken geholfen worden? bey welchen Kranken ist es möglich, deren Krankheit nur in der Phantasie besteht? Der gröste Lärm ist von chronischen Krankheiten, d. i. von solchen, die sich von Zeit zu Zeit, und nur nach einem bestimmten Zeitpunkt zeigen. Getrost schreibt man in Ellwangen ins Protokoll nieder, diesem oder jenem Epileptischen ist geholfen worden. Woher weiß man das? Der Kranke sagt es, nachdem der Paroxismus vorüber war, welchen Augenblick der Herr Gaßner allemal abwartet, und mitten im Paroxismus Niemand entläßt. Ist es ein Wunder, wenn Kranke, die von dem Paroxismus abgemattet, und jezt auf einmal durch eine

der Gaßnerischen Wunderkuren.

eine Linderung wie in den Himmel versetzt sind (man muß wissen, daß er die Krankheit im höchsten Grade kommen läßt) daß, sage ich, diese Kranken entweder vor Freuden, oder doch aus Furcht, nicht noch einmal gemartert zu werden, die verlangte Worte aussprechen: **Mir ist geholfen?** Diese Auffage ist also Protokollmäßig! Wie kann das aber ein Mensch wissen, der eine chronische Krankheit hat? Woher weiß er, daß diese Krankheit nicht in 4, 12. oder mehreren Wochen wieder kommen wird? Sie muß nach einem heftigen Paraxismus länger ausbleiben, ehe sich wieder Stoff genug zu einem neuen Paramismus sammelt. Dieß gilt auch von den Besessenen. Wenn man sich die Ausfahrung der Teufel nicht so vorstellt, wie sie auf den Wallfahrts-Bildern vorgestellet wird, daß nemlich die Teufel sichtbarlich im Hauchen aus dem Munde heraus fahren; so ists gewiß Kühnheit zu sagen, daß viele von ihren Teufeln erledigt worden. Sie sind Kranke, und haben nun auf eine Zeit ausgetobt, über eine Zeit wollen wir sehen, wie es um sie steht.

Zweytens hat Herr Gaßner bey sei‑
nen Kuren einen Vortheil, den selten ein
Medicus, wohl aber die herumstreichenden
Landärzte, Bader und Quacksalber haben.
Man nehme einen Bader, der sich durch
eine und andere, vielleicht ungefähre Kur
in Kredit bey dem Pöbel gesetzt, und viel‑
leicht auch nur darum ein Ansehen bey die‑
sem oder jenem Patienten erhalten hat,
weil er durch seine Mittel nichts verderbt,
und die Krankheit von sich selbst ein Ende
genommen hat. Nun tritt der Patient
auf, erzählt seinem Dorfe Wunder, ein
anderer in seiner Stadt u. s. w. daß ihm
dieser Wundersmann in einer Krankheit
geholfen, an der alle Doktores und Bader
verzweifelt haben. Wer mit solchen Leuten
Umgang gehabt, wird wissen, daß nach ih‑
rem Stil alle Doktores und Bader nichts
anders sind, als etwa ein nach unsern obrig‑
keitlichen Vorsorgen nothwendig einfältiger
Dorfbader, der Schäfer, Scharfrichter,
oder Schinder, eine Hebamme, ein anderer
einfältiger Mann, und etliche alte Weiber.
Wenn nun diese Leute nicht gleich etwas
wider eine Krankheit wissen; so ist sie in‑
- kurabel.

kurabel. Unterdeſſen wird der gute Bader als ein Wundersmann ausgeſchrien, und man lauft von vielen Meilen Wegs auf ihn zu. Hat er nun die Geſchicklichkeit, alles das den Urinträger auszufragen, was er zuvor aus dem Geſpräche gehört, das ſein Weib, die ihren Mann vor abweſend ausgegeben, ausgeforſcht hat; ſo iſt ſeine Wiſſenſchaft ſchon erwieſen, und nachdem er bey ſeiner ſchnellen Ankunft alles erra=then, was dem Patienten fehlt, ſo ver=zeiht man ihms ſehr gerne, wenn ihm gleich eine Kur mißlingt. Es war zu ſpat — vor 8. Tagen ſollt man gekommen ſeyn. — Ich wills wohl noch probiren. Aber — — u. d. gl. Der Sache näher zu kommen. Dieſer Bader bleibt nicht bey ſeinen Kran=ken; ſie reiſen von ihm, oder ſie fragen nur in der Ferne durch andre um Rath, und ſo bleibt er immer in ſeinem Kredit, wenn gleich zehen Kuren mißlingen, biß nur eine davon geräth. Das weiß der Patient, den es angeht, und dieſer hat noch die Gewogenheit für den armſeligen Stüm=per, und entſchuldigt ihn nach der Ausrede, die ſich der ſchlaue Bader ſchon bey Beſe=hung des Urins vorbereitet hat.

Wir wollen dieses auf den Hrn. Gaßner anwenden. Seine Patienten sind nicht aus Ellwang selbst, sondern sie kommen auch aus Bayern, Schwaben, und Franken, da und dorther. Gegen alle die, denen er nicht helfen kann, hat er ein sicheres Verwahrungs-Mittel, das ihn aus der Schlingen zieht: Der Mensch hat keinen Glauben — seine Krankheit ist natürlich, das natürliche ist mit dem übernatürlichen zu sehr vermischt — Er muß hingehen und sich einen bessern Glauben erwecken. Dann wird der Patient vorgenommen. Viele schickt man nach den obigen Ausreden ohne Hülfe fort, andere bleiben nach dem Paroxismus wie zuvor, wieder andere sagen: Es ist mir geholfen, weil sie entweder einen neuen Paroxismus fürchten, oder nach Art aller Kranken auf den Paroxismus eine Erleichterung verspüren, und einige mögen wirklich eine Linderung haben. Aber alle Kranken reisen von ihrem Arzte weg, und können in Ellwangen durch die That selbst nicht zeigen, daß ihre Kuren nicht Bestand haben, oder auch nur vorgeblich sind. Und diesen Vortheil hat

hat doch wohl kein Medikus, der bey seinen Kranken bleiben muß.

Würde man alle Kranken-Geschichten derjenigen, so in Ellwang gewesen sind, eben so getreulich sammeln, als man das Ellwangische: dem und dem ist geholfen worden, nachbetet; würde man eine sichere Liste von kurirten und nicht kurirten aufsetzen: so wette ich weiß nicht was, der Lärm würde lange nicht so groß, und die Reisen nach Ellwangen nicht mehr so häufig seyn. Allein, da man zu Ellwangen immer schreiet: Es ist geholfen, und von da aus sogar die Zeitungen mit Materialien versehen werden, die man vielmehr von den Kranken selbst einholen sollte; so bleibt Herr Gaßner ganz natürlich im Kredit, wenn auch gleich unter hundert Kuren kaum eine gelingt. Ein glücklicher Arzt! Daß ich der Sache nicht zu viel thue, weiß ich aus sehr vielen Beyspielen. Viele hundert sind nach Ellwangen gereißt, und unter dieser ganz erstaunlichen Menge ist kaum mit Mühe einer zn finden, der nur eine Linderung empfindet, und manche sind,
die

die es nur vorgeben; welches abermalen die Erfahrung zeigt. Es ist nicht genug, daß man die Leute zu Ellwangen versichert: Es ist geholfen; oder sie mit der leeren Hoffnung entläßt: die Hülfe werde nachfolgen, sie sollten nur fest vertrauen. Das sind die Saiten, die jeder Betrüger spielen kann. Man erkundige sich einmal, wann der Kranke zu Haußе ist, und frage ihn, ob ihm geholfen sey, es wird ein ganz anderes Urtheil aus seinem Munde gehöret werden. Wir wollen nun ohne Vorurtheil reden, denn was hilft tändeln? Daß die ganze Komödie, die in Ellwangen schon so lange gespielt worden, da hinaus lauft, daß viele tausend Kranke, Blinde, Krumme, Lahme, Taube, Stumme, Hypochondrische, Narren, Besessene ꝛc. nach Ellwangen gereiset, daß ein großer Theil davon unter dem Vorwand abgespeiset wurde, ihre Krankheit sey natürlich, daß andere vorgenommen wurden, hatten aber nicht genug Glauben, und daß endlich andere ihre Krankheit wirklich empfanden. Ganz natürlicher weise mußten sie Convulsionen haben, weil Herr Gaßner

den

den Zeitpunct abwartete, bis der Paroxismus vorüber war, und dann, weil ihnen nach dem Paroxismus besser wurde, sagten sie, es sey ihnen geholfen, oder es ist, wie ich schon erinnert habe, Furcht, wann sie sagten, sie befänden sich wohl, um nicht noch einmal gemartert, und auf der Folterbank hin und her gezogen zu werden. Die, welche chronische Krankheiten hatten, dergleichen die häufigen Epileptischen, oder auch die Besessenen waren, versicherte nach dem Paroxismus das nämliche, ob sie gleich nicht wissen konnten, ob zur bestimmten Zeit das Uebel wieder zurück kehren würde. Und wann es auch gleich zurück gekommen: so haben sie weder nach Ellwangen an Herrn Gaßner geschrieben, noch ihn Lügen gestraft, noch das Publikum von ihrem Ruckfall belehrt, welches doch vor allem geschehen seyn sollte, weil dieses von ihrer Heilung benachrichtiget worden. Hinterhalt hat Herr Gaßner bey dem Ruckfall genug: Der Glaube hat abgenommen, der Mensch hat die alten Sünden wieder begangen u. s. w. Ein Gläschen Oel, ein geweihtes Kreutzchen, der süsse, aber leyder

der leere Trost, die Besserung werde folgen, sind Dinge, womit man die armen Leute abspeißt, und nur das zur kleinen tröstlichen Wegzehrung mitgibt. Wahrlich, ein Betrüger könnte seine Sache nicht besser anstellen, als er thut.

Ich will eine Parallele machen, ich will mich für einen Menschen ausgeben, der in allen Malefizien, Teufelsbesitzungen u. s. w. helfen kann. Der größte Vortheil ist schon auf meiner Seite, indem fast alle an Malefizien glauben ꝛc. Eine sorgfältige Auswahl der Patienten zu treffen, ist das erste, worauf ich vorzüglich zu sehen habe. Die Vermeidung der Philosophen oder anderer einsichtsvollen Leute, die sich nicht blinden, nicht betrügen lassen, und von denen ich eine gründliche Widerlegung befürchten muß, ist das zweyte, das ich zu beobachten habe, wenn mein Betrug nicht entdeckt werden soll. Die Ausflucht, die Krankheit sey natürlich, die Leute hätten den Glauben nicht, ist das dritte, womit ich die ehrliche Einfalt mit Ehren von mir bringe, ohne verrathen zu werden. Die
mit

chronischen Krankheiten behaftete, zu erst vorzunehmen ist das vierte. Die Kunst zu studiren, und auszuüben, die Leute in den Paroxismus zu versetzen, um alles zu gewinnen, die sogenannten Besessenen vor den Umstehenden im Paroxismus zu fragen; wie viel Legionen Teufel sie wohl im Leibe hätten? ist das fünfte. Den Teufel zu zwingen, gute Lehren zu geben, ihn anzuhalten, daß er von jezt an bis auf den jüngsten Tag auf einer Leiter von lauter Messern immer auf- und absteigen soll, auch wenn er sich fast alle Augenblicke zu tausend Stücken zerschneiden sollte, (der Teufel ist ein Geist, eine einfach Substanz, und müßte sich folglich gar nicht kennen, wenn er sich vor den Messern fürchtete,) das Angesicht GOttes in vollem Majestätischem Glanze zu sehen, u. d. gl. ist das sechste. Alles dies genau beobachtet, welcher Einfältiger sollte wohl so viel Einsicht haben, und mich widerlegen. Ganz gewiß wäre ich ein Wundersmann, troß Herrn Gaßnern. Diese und dergleichen Anekdoten mehr hat man bey Teufels-Beschwörungen auf Wallfarthen längst schon gehört.

gehört. Nun kommt es noch auf die Kunst an, mich etwas auf Krankheiten zu verstehen, und da soll es ein leichtes seyn, die Kranken zu allerhand lächerlichen Gaukeleyen zu verleiten. Soll er aber tanzen oder singen; so muß ich ihm solches deutsch sagen. Lauter Dinge, die man von Besessenen in der Kirche nicht fordert. Die gewöhnlichen Zeichen durch Bewegung einer Hand, eines Fingers, eines Fusses, darf ich lateinisch von ihm verlangen. Trift er zu, nun wohl, trift er nicht zu, so schaffe ichs noch einmal, und rede mit ihm deutsch, endlich muß mir doch der Teufel folgen, und wann ers noch nicht thut, so leite ich ihn selbst mit der Hand. Es ist wohl zu merken, daß ungeachtet der gemeinen Sage, auch bey Herrn Gaßner nicht augenblicklich auf Befehl das verlangte Zeichen folge. Oft muß er kommandiren. Ist der Paroxismus vorüber; so seufzet der abgemattete Kranke nach der Ruhe, und ehe er sich noch einmal peinigen läßt, wird er sich gesund stellen, oder glauben, daß ers sey, weil ihm etwa ein wenig leichter ist.

Ich lasse aber auch andre, nicht eben periodische Kranke, vor meinen Gnadenthron tretten. Durch mein übertäubendes Zudringen werden sie sich endlich bereden, einige Linderung zu verspühren, eine Art Erfahrung, die man bey Kranken sehr oft wahrnehmen kann. Genug — wann ich sage; geh hin mein Sohn! die vollständige Besserung wird nachfolgen. Vertraue nur. Der Kranke reißt mit guter Hofnung ab, und ich bleibe im Kredit. Die Zuschauer sind mit dem Geständnisse des Kranken zufrieden, predigens überall aus, erkundigen sich nicht, und können sich auch nicht erkundigen, wie es dem armen in der Ferne lebenden Kranken ergangen. So würde ich meine Rolle spielen, und so würde ich mich mit einer guten Portion Dreistigkeit, auch guten Kenntniß der Krankheit bald bekannt machen.

Das sind lauter kahle Einwendungen, wird man sagen, der Augenschein redet ja selbst, nur unvernünftig läßt es sich läugnen, daß Herr Gaßner die Krankheiten bey vielen Kranken im höchsten Grad habe kommen laſſen, und daß vielen würklich geholfen worden. Wie kann das alſo ein Betrug ſeyn?

Hierinn liegt der ſchwere Knoten. Daß es möglich ſey, auch ohne Anrufung des allerheiligſten Namens eine Krankheit kommen zu laſſen, iſt leicht zu erweiſen. Mir ſcheint dieſer Name nur ein Deckmantel zu ſeyn, unter welchem Herr Gaßner ſeine Kunſtgriffe verbirgt. Erfahrungen ſollen wieder den obigen Satz erläutern: 1) wiſſen wir, daß nicht nur etwan Kinder, ſondern auch Erwachſene über einen ſchnellen Schrecken, Convulſionen, oder die fallende Seuche bekommen, jedoch nicht alle, aber doch einige. 2) Wiſſen wir auch, daß man hypochondriſche Leute durch lebhafte Vorſtellungen einer Krankheit krank machen könne, und daß ſie ſelbſt bekennen, alle die Uebel zu empfinden, von denen man ihnen erzählet. 3) Wiſſen wir, daß äuſſerliche Krankheiten, welche aus einer innerlichen Gemüths = Krankheit ihren Urſprung haben, leicht erreget werden können; und dies geſchieht durch eine natürliche Verbindung, wenn man die innerliche rege gemacht.

Zum

Zum Voraus erinnere ich auch, daß Herr Gaßner nicht alle, sondern nur einige Krankheiten kommen lasse. Wie wollte er wohl bey einem Blinden, Lahmen, Tauben, die Krankheiten kommen lassen? Nur solchen läßt er die Krankheiten gröstentheils kommen, bey welchen solche durch die Phantasie erreget werden kann, als Hypochondrischen, Hysterischen, oder an andern Nerven-Krankheiten leidenden Personen. Da hat er freylich viele Vortheile, die nicht jeder zu spielen im Stande ist. Es ist aber auch kein Wunder, daß ein Mann, der schon so lange in Praxi steht, hierinn mehr als tausend andere kann. Im Anfange wird es bey vielen freylich oft sehr schwer gehalten haben. Und was Wunder, wenn ein Mann schon in der dritten Diöces spielt, in einer entlassen, in der andern aber ausgeschaft worden ist, daß er Erfahrungen gesammelt haben muß, die wir in der Kunst unerfahrne nicht wissen. Es ist ganz leicht, sich unter dem dummen Pöbel einen grossen Namen zu machen, wenn auch gleich nichts darhinter ist; und ist er einmal da, so hat er gewonnenes Spiel. Der Gegentheil darf handgreifliche Proben bringen, er wird bey allem dem doch nichts ausrichten. Man erinnere sich nur, aber nach theologischen Grundsätzen, an die sogenannten Hexengeißler, die von sich ausgeben, sie könnten besonders in Malefizien helfen. Was für ein Zulauf zu dem P. N. in Elch.? Was für einer zu dem Karmeliter C. in A.? Was für einer zu den P. st. U. E. in D.? Konnten diese Herren mehr, hatten sie mehrere Gewalt über den Teufel als andere Priester? Nein; und doch glaubte man an sie, und der Pöbel (man erlaube mir noch mehr zu sagen) ja selbst studirte Leute, Personen, bey denen man weiß nicht was vor grosse Gelehrsamkeit sucht, Personen, die in angesehenen Ehrenämtern stehen, die geistlich, und weltliche Würden begleiten, diese können sogar so dumm, höchst dumm und einfältig seyn, diesen Männern eine Macht ausschliessungsweise zuschreiben, die sie zum Theil selbst haben, und haben sollten. Es ist mir leid, daß ich dieses sagen muß, aber es ist auch wahr, leider! wahr.

Daß

Daß aber Herr Gaßner einige Vortheile haben müsse, die uns unbekannt sind, läßt sich aus denen schliessen, von denen wir Nachrichten haben. Der grôste Vortheil besteht in seinen Ermuntrungen zum Glauben. Die Leute sollen und müssen vest glauben, und er predigt ihnen so lange für, bis sie glauben, und fürchten, ihre Krankheit werde kommen. Wie redt er sie an? Bald mit geschwächter, bald mit verstärkter Stimme, bald gar mit Drohungen, sie ohne Hülfe zu entlassen, wenn sie nicht glauben werden. Man weiß aus Versicherungen der Arzneyverständigen, daß bey Leuten, die mit gewissen Krankheiten behaftet sind, die Nerven viel reizbarer, als bey andern seyn. Ist es also ein Wunder, wenn solche Leute vor Schrecken, das so oft empfundene schwere Uebel noch einmal zu erfahren, das hinsinken, Convulsionen bekommen, u.d.gl. oder daß sie sich auch, um ihres Unglaubens wegen fortgejagt, und von ihren Führern ausgeschändet zu werden, krank stellen?

Viele kluge Männer glauben auch, daß Herr Gaßner seine Kranke nicht umsonst

sonst so vest bey dem Genicke, durch welches alle Nerven aus dem Rückgrade im Kopf zusammen laufen, anfasse, und öfters ziemlich nachdrücklich schüttle. Es befremdet sie auch die starke Rührung des Pulses, das Reiben an seinem Cingulum u. d. gl. Das sind lauter Dinge, die Aufmerksamkeit, Beobachtung und genaues Forschen verdienen. Das aber muß ich gestehen, daß Herr Gaßner nichts weniger als ein Ignorant in der Chirurgie und Medicin ist, wie uns dieses die Herren Medici, die Augenzeugen und der Sachen verständige Männer waren, versichert haben. Ich unterstehe mich sie zu nennen. Herr D. Hennenhofer in Ulm, ist der erste, welcher auch Herrn Gaßner, als er in Söflingen eine Klosterfrau kurirte, ein Attestat darüber ausstellen mußte,*) und die geschickten Aerzte

Herr

---

*) Gerade wie es die Apostel gemacht haben, sie ließen sich auch Attestate von ihren Wunderwerken geben, um die Ungläubigen davon zu überzeugen. Soll dieser Umstand den Hrn. Gaßner nicht ein bischen verdächtig machen? Wer weiß, warum in Ellwang alle Kuren zum Protokoll genommnn worden. Soll man nicht gar

an

Herr D. Dittel und Herr D. Trölſch in Nördlingen. Dies alles zuſammen genommen, läßt uns allerdings vermuthen, daß es mit Herbeyrufung der Krankheiten ganz natürlich hergehe. Aber Herr Gaßner hat ſich doch auch oft umſonſt bemühet die Krankheit zu verurſachen, ſie hatte nicht einmal die Höflichkeit für ihn gehabt, daß ſie kam, und allemal kann man zwanzig biß dreyßig zehlen, bis einer zum Paroxismus kommt. Iſt es nun nicht ſehr glaublich, daß es hier alles natürlich hergehe? Bey den wenigſten zeigt ſich die Krankheit, bey den übrigen ſagt man, ſie ſey natürlich, oder der Kranke habe keinen Glauben. Kommt ein Phantaſt, den Herr Gaßner nach ſeinen Einſichten leicht kennen kann, den macht man krank. Bey Hypochondriſchen und dergleichen iſt es ohnehin leicht, bey andern hat er einen andern Vortheil, den ich nicht weiß. Aber das weiß ich, Herr Gaßner, ich weiß 's gewiß, daß die

auf die Veranſtaltung des Herrn Gaßners verfallen, um ſich nur groß zu machen, und ſeinen Ruhm zu verbreiten.

Taschenspielerey den Verständigen eine Kinderey scheint, worüber sich Dumme und Einfältige, (ach daß doch unter dieser Benennung auch jederzeit Männer von Ansehen und Würden seyn müssen!) wundern. Daß der Exorcist etwas kann, das ich nicht kann, das hat seine Richtigkeit; allein sehr vieles kann er durch Erregung der Affekte, die er in seiner Gewalt hat, und wie viele Prediger können dieses nicht? Gesetzt aber ein Prediger versteht diese Kunst, und kann durch seine Beredtsamkeit auch Felsen-Herzen bewegen und rühren, ist es hernach gerade die Folge, daß er ein Wundersmann ist? Dies wär' ein schöner Schluß.

Gesetzt, daß mir einige verursachte Paroxismen oder würkliche Kuren vorgelegt werden, die unmöglich aus der Einbildung ihren Ursprung haben können, so bin ich doch noch nicht im Gedränge. Man wird immer Mühe haben, nur einen von denen aufzubringen, die in Ellwangen gewesen sind, der vollkommen hergestellt wäre; denn sie sind größtentheils aus dem Beschwörungs-Zimmer mit dem Bekänntniß abgerißt, reißt, daß sie Linderung, oder gar vollkommene Gesundheit verspührten. *) Wie stund es aber zu Hause? ja da zeigte es sich

---

*) So erkläre ich die große Beschwerniß, die einige machen wollen: Warum leidet man den Hrn so lang in Ellwangen, wenn er ein Betrüger ist? Die Patienten sagen, es sey ihnen geholfen, und der gröste Theil seiner Bewunderer, und Aufseher besteht aus schwachen Geistern. Wie viele sind wol, die sich auf eine Psychologie verstehen? Wenigstens wird sich niemand rühmen wollen, selbige in der Jesuiter Schulen gelernt zu haben. Es ist auch das gewiß, daß nicht alle Ellwanger so vortheilhafft vom Herrn Gaßner denken, wie man uns weiß macht. Allein die Burgerschafft schneidet ihre Pfeife dabey, und der Fürst glaubt an ihn, und nun komm einer und muchse in Ellwangen dagegen, er sehe zu! Die Aerzte, die kompetenten Richter in der Sache, bewundern zwar seine Kunst, aber halten sie für nichts weniger als übrnatürlich. Ich weiß zwar, daß einige Aerzte, darunter sogar der Churfürstliche Hof-Medicus Hr. D. Leuthner zu Gunsten des Herrn Gaßners ein undeutsches Büchlein herausgegeben, die Operationen des Hrn. Gaßners als göttliche Wirkungen ansehen. Man weiß aber auch dabey, daß sie das placebo Domino aus Neben-Ursachen singen.

sich ganz anders. Gar nicht Geheilte, vorgeblich Geheilte, chronische, oder auch recidive Kranke, befinden sich an allen Orten, die von Ellwangen nach Haus gereißt sind.

Doch, es sey wahr, daß die Heilung einiger Krankheiten würklich nicht aus der Einbildung entsprungen ist; sind wir nicht schuldig, die Sache so lange natürlich zu erklären, als es nur möglich ist? Und eine Möglichkeit gibt es doch wohl. Hätte es dem Hrn. P. Hell gefallen, seine Kunst zu verbergen, mit welcher er im Parallel mit Herrn Gaßner Lahme und andere presthafte Personen geheilt, hätte er seine Patienten zum Glauben ermuntert, und den H. Namen dazu ausgesprochen: so würde von diesen Wunderkuren in Wien ein allgemeiner Lärm durch die ganze Welt verbreitet worden seyn, er würde so allgemein, so weit kundbar geworden seyn, als der Lärm von den Gaßnerischen in Ellwangen. Vielleicht hätte es Zeit erfordert, bis man entdeckt hätte, daß die Heilungs-Krafft in den Ringen und nicht in dem Heil. Namen stecke. Unsere etliche tausend Physiker, die alle

Jahre

Jahre aus den Schulen in die Welt ausgehen, und mit den Anfangs-Gründen, die sie roh und halb eingeschluckt, von Herzen zufrieden sind, ohne ihre Einsichten durch fortgesetzten Fleiß zu erweitern, diese Herren Physiker wären einmal die Leute nicht gewesen, welche die Kunstgriffe des H. P. Hell entdeckt hätten. Und doch würde es geheissen haben: So viele gelehrte Zuschauer, diese sollten den Betrug nicht entdecken, so einer unter der Decke läge? Hätte es ja jemand gewagt, die Sache natürlich zu erklären: so würde man den Titel eines Freygeistes davon getragen haben. Was vor ein Verhältniß ist nun zwischen diesen, auch in der Gelehrsamkeit weit von einander unterschiedenen Männern? Wenige Worte sind hinreichend, die Sache zu entscheiden. Hell war so ehrlich und entdeckte den Schlüssel seiner Kuren, Gaßner aber hält seine Kunst noch immer verborgen. Eine große Klufft auch im moralischen Character zwischen diesen beeden Männern. Wäre die Erfindung einer Elektricität nicht in die Hände eines Philosophen, sondern eines Marktschreyers gefallen, und hätte
dieser

dieser mit dem elektrischen Schlage Lähmungen geheilet, und seine Kuren in dem Namen Jesu verrichtet: so würde er nicht gar viele Anhänger gefunden haben, welche nicht fest geglaubt hätten, daß keine natürliche Ursache zum Grunde liege.

Es hat auch andre Betrüger in der Welt gegeben, welche anscheinende Wunder gewirket, ohne daß man jetzt die Ursache davon vollkommen weiß. Ich will ihre Namen nicht wiederholen, sie sind theils aus der Geschichte bekannt, und theils in den Schriften gegen Herrn Gaßner angeführt. Vespasianus, Apollonius Thyanäus sind nur ein paar darunter.

Nur das einzige will ich noch sagen: Man sollte sich, wenn auch Herr Gaßner würkliche Kuren machet, wenn er auch alles im Namen JEsu zu verrichten vorgiebt, man sollte sich doch nicht so schlechterdings von ihm verführen lassen, und glauben, daß sich die Sache so befinde. Sie kann noch immer natürlich seyn. Ich muß es gestehen, die Ursachen dieser Kuren weiß ich nicht anzugeben, aber ich hätte auch die

Ursache

Urſache der Kuren des Herrn P. Hells und derer mit der Elektricität nicht entdecket. In dieſem Falle ſchmeichle ich mir unter tauſend Bewunderern des Herrn Gaßners 999. meines gleichen zu finden. Ich bin auch kein Augenzeuge, und auch hierinn hab' ich wieder 999. meines gleichen. Ich habe endlich oben ſchon angemerket, daß verſtändigen und behutſamen Beobachtern das Reiben am Cingulum, das Betaſten des Pulſes, die Erſchütterung bey dem Zuſammenfluſſe der Nerven, die kluge Ausſcheibung der Patienten, verdächtig vorkommt. Wenn uns ein Taſchenſpieler ein Stück zeigt, das uns unbegreiflich vorkommt; ſo rathen wir zwar, errathen wirs aber nicht; ſo wirds uns der Taſchenſpieler auch nicht ſagen. Die Zeit kann noch vieles aufklären. Das aber iſt noch keine hinlängliche Urſache, die Sache für übernatürlich zu halten, weil wir keinen natürlichen Grund anzugeben wiſſen. *) Ich und viele

---

*) Wiſſen wir doch nicht einmal die Natur eines Körpers, kennen wir nicht einmal die Natur, Eigenſchafften und Wirkungs-Art unſerer Seele. Wie

viele andere, die wir uns mit dem Herrn Gaßner beschäftigen, sind eben nicht erschaffen, daß wir allein alles wissen müssen. Vielleicht findet sich doch noch einer, der den Knoten auflößt.

Drittes Kapitel.

Hier ist zu untersuchen, ob diese Kuren Wunderwerke sind? Nach der Meynung der Freunde des Herrn Gaßners werden die Kuren desselben pur durch den Namen JEsu verrichtet. Nun muß man sich zuvor sein System selbst zu Gemüth führen. Er behauptet nemlich, der Teufel habe die Gewalt, nicht nur unsere Seele zu versuchen, sondern auch unsern Leib mit verschiedenen Plagen anzufechten, und mit Krankheiten, die natürlich scheinen, heimzusuchen. Diese Krankheiten sind ihren Wirkungen nach von puren natürlichen

weiter

Wie getrauen wir uns eine Unmöglichkeit dieser Wirkungen vorzugeben? Vielleicht heilt auch Herr Gaßner durch ein Mittel, das er selbst nicht recht versteht.

weiter in nichts unterschieden, als dem Ursprung nach. Die Epilepsie dieses Menschen ist gerade so, wie die Epilepsie eines andern. Die erstere hat ihren Grund in der Natur, die andere hat der Teufel verursacht, um den Menschen zu versuchen, und ihn zur Ungedult und andern Sünden zu verleiten. *) Diese Meynung gründet er auf einige Schriftstellen, freylich nach einer nagelneuen Auslegung, die ungefähr so aussieht, wie gewisse Predigt-Texte, aus denen man alles macht, was man braucht. Literalisch ist diese Auslegung gewiß

---

*) Mir scheinet es weit christlicher und vernünftiger, wenn wir sagen: Gott hat uns mit Krankheiten heimgesucht, damit unsere hitzige Natur gedämpft und von Sünden abgewandt werde, als wenn wir sagen: der Teufel hat die Krankheiten verursachet, der von einem kranken Körper keinen Vortheil hat; indem ein Kranker Mensch mehr von Sünden entfernt ist, als ein Gesunder, welcher fähig ist alle Ausschweifungen zu begehen. Wegen der Sünde des Geister, sagt der Heil. Chrysostomus, plaget Gott den Körper, damit er durch Empfindung dieser Plage ein Mittel zu seiner Bekehrung finde.

gewiß nicht, und daß sie neu sey, beweißt dies allein schon zur Genüge, weil unter so viel Auslegern vor dem Herrn Gaßner noch Niemand darauf verfallen ist. Eine Stelle aus dem Context herausgerissen, und ausser den Umständen betrachtet, in welchen sie die heiligen Schriftsteller gebraucht haben, kann mit vieler Wahrscheinlichkeit das zu sagen scheinen, was der Verfasser just in seinen Kram braucht. Und so geht es hier. Herr Gaßner hätte lange so viele Widersprüche nicht, wenn er sein System besser ausgedacht hätte. Es wäre ihm ja leicht gewesen zu sagen: ich heile im Namen JEsu die Krankheiten, ohne auszuforschen, ob selbe teuflisch oder natürlich sind. Bey den Patienten denen er nicht helfen konnte, hätte er sagen können, da ist der Wille GOttes nicht gewesen, die Gesundmachung gereicht ihnen nicht zum Seelenheil. Es wäre auch nothwendig gewesen, daß er einen Exorcismus formiret, seine Manipulation würde die nemliche Würkung haben, ohne das Wort praecipio zu gebrauchen. Es ist ohnehin nicht zu glauben, daß der Teufel auf den

Befehl

Befehl des Exorciſten, die Krankheiten erwecken ſolle, da die in Unordnung gebrachte Einbildungskraft fähig iſt, ſolches zu thun, wie es der Verfaſſer des Vorſchlags zur gründlichen Entſcheidung der Begebenheiten in Ellwangen ſehr gründlich bewieſen hat. Doch meine Abſicht iſt hier nicht die Gründe Herrn Gaßners zu prüfen, ich halte mich nur an die Sache ſelbſt. Nun ſagt er ferner, ſolche vom Teufel verurſachte Krankheiten könne er, und jeder der einen veſten Glauben hat, durch die Ausſprechung des heiligen Namen JEſus heilen.

Nun ergiebt ſich die Frage: Wenn Herr Gaßner nach ſeiner Hypotheſe durch den Namen JEſu ſeine Kranke geſund macht, muß man ſeine Kuren unter die wahrhaften Wunder zählen? Oder ſind ſie ein Mittelding zwiſchen natürlichen und wunderbarlichen Kuren? Dieſe Frage iſt wichtiger und von bedenklichern Folgen, als kurzſichtige Menſchen ſich vorſtellen, welche die Einwürfe der Deiſten gegen die geoffenbahrte Religion nicht kennen. Es iſt gleich geſagt; das ſind Kirchen-Wunder, d. i.

solche Wunder, welche die Kirche durch den Exorcisten wirkt, der Teufel austreibt. Allein mit diesen leeren Worten ist die Sache noch lange nicht entschieden. Wir wollen zuerst den Begriff eines Wunders vorstellen, und alsdann wird es sich zeigen, daß die Distinktion zwischen Kirchenwundern, eine eitle Wortklauberey sey, welche die Schwierigkeit um nichts erleichtert.

Ein Wunderwerk ist eine Wirkung, deren Hervorbringung die Kräfte aller Geschöpfe, oder wenigstens aller Menschen übersteiget. In jenem Falle sind es Wunder vom ersten, in diesem aber vom zweyten Range. Es wäre hier von den Mirakeln viel zu sagen. Allein ich schreibe keine Abhandlung von Wundern. Ich entwickle nur meinen Begriff. Ein Wort an sich selbst ist ein bloser Ton, der natürlicher Weise die Kraft nicht haben kann, eine Krankheit zu heilen. Es ist nur bestimmt, einen sinnlichen Eindruck auf unser Gehör zu machen. Auch der heilige Name JEsus selbst, als blosses Wort betrachtet, kann unmöglich auf kranke Körper zur Wiederherstellung der Gesundheit würken. Es ist auch,

auch, als der Name unseres Erlösers betrachtet, das Wort JEsus nicht kräftiger, als das Wort GOtt, HErr, Erlöser, Erschaffer, Heiligmacher. Denn worinn soll diese Kraft bestehen? Ist sie etwas physisches? hoffentlich nicht, sonst würde dieser Namen wie eine Medicin eingegeben, auch wirken, und könnte als ein Pflaster auf die Wunden gelegt werden. Ist diese Kraft moralisch, d. i. wird durch Ausspreschung dieses Namens allein GOtt beweget, den Kranken zu heilen? Wo haben wir ein Versprechen davon? Das hat GOtt wohl versprochen, wenn mit Aussprechung dieses Namens auch ein lebhafter Glaube verbunden wird, so wolle er, wenn er es nothwendig finden wird, Wunder würken. Allein der Name selbst trägt dazu nichts bey. Er ist ein bloßer Klang, und nicht mehr und nicht weniger als das Wort GOtt, Erlöser, u. d. gl. und es muß gleich viel seyn, ob ich dieses oder jenes nenne. *)

---

*) Fanatisch ist es gewiß, daß Hr. Gaßner in seinem ersten Büchlein zur Heilung der Kranken

Alle Kraft, um bestimmter zu reden, bestehet nicht im Namen, sondern im Vertrauen des Glaubens. Das Vertrauen selbst hat auch nur eine moralische Kraft, d. ist, es beweget GOtt, den Kranken zu heilen. Ist es aber so, wo ist mehr ein Unterschied zwischen Kirchen= und wahren Wundern? Jedermann wird hoffentlich einsehen, daß das blosse Wort auf den Teufel, der keine Ohren hat, und ein purer Geist ist, nicht würken könne.

Wenn ich also jezt wirklich Besessene glaube, und behaupte, daß der Teufel durch Exorcismen ausgetrieben wird, so geschieht es durch ein Mittel, das natürlicher

---

ken den Namen JEsu stark und frisch weg auszusprechen erfordert. Nein! Wozu soll doch das gut seyn? Ob ich still andächtig, oder mit verstärkter Stimme rede, was liegt dem Teufel daran, der mich ohnehin nicht mit den Ohren höret. Eben so, wie mich mein Seelsorger unterrichtet hat, das Kreutz fein groß und deutlich zu machen, weil der Teufel schon alt sey, und es sonst nicht sehen möchte. Ich kann also ganz still reden, und doch ein so gutes Vertrauen haben, als wenn ich schreye.

cher Weise diese Würkung nicht hervorbringen kann. Die Hervorbringung dieser Würkung also übersteigt die Kräfte aller Menschen, folglich ist die Austreibung der Teufel, dieses Kirchenwunder, ein wahres Wunder, und die Kirche hat weiter dabey nichts gethan, als daß sie gewisse Formeln dazu vorgeschrieben hat, und ihr Geber und Vertrauen mit dem Gebete und dem Vertrauen sowohl des Patienten, als Exorcisten vereiniget.

Die Apostel haben auch alle ihre Wunder nur durch das Vertrauen, das sie durch Aussprechung des heiligen Namen JEsu blos an den Tag gegeben, gewirket, und ich darf sicher den Herrn Gaßner mit allen seinen Freunden auffordern, daß sie mir hier einen rechten Unterschied zwischen einem wahren Wunder, und zwischen einer gewöhnlichen Teufel-Austreibung, oder zwischen den Kuren des Herrn Gaßners zeigen sollen. Gewiß sie werden es nimmermehr thun können.

Lassen wir aber einmal zu, wie wir es nicht läugnen können, daß er wahrhafte

Wunder wirke, so müssen wir auch gewiß zum Theil recht fürchterliche Folgen zugeben. Die erste, die ich daraus ziehe, ist freylich für unser Religions-System selbst so bedenklich nicht. Rom aber kann nicht allzu wohl damit zufrieden seyn. Entweder muß man zugeben, daß Herr Gaßner ein wirklicher Heiliger sey, oder der Beweiß, den man zu Rom bey den Kanonisations-Processen aus den Wundern führt, fällt ganz weg. Wahrhaftig, wenn ich den H. Bernhard, mit Herrn Gaßnern vergleiche, so sind sie an Wundern, bis auf einen kleinen Unterschied, ganz gleich. Der H. Bernhard reißte aus Frankreich nacher Deutschland, das Volk zu den Kreuzzügen zu ermuntern. Er kam nach Kostanz, und, wie seine Lebensbeschreiber versichern, da führte man ihm aus allen Gegenden Lahme, Blinde, Taube, Besessene ꝛc. zu, und diese heilte er. Eben das that er auch an andern Orten. Diese grosse Aehnlichkeit wird nur denjenigen nicht einleuchten, welche die Lebensbeschreibung des H. Bernhards nicht kennen. Im Herumlaufen, im Zulauf der Kranken, in der Heilungsart, ist eine vollkommekommene Aehnlichkeit.*) Der Herr Gaßner will, vielleicht aus Demuth, kein Heiliger seyn. Er sagt, daß er nur solche Leute kuriren könne, die vom Teufel krank gemacht worden. Ist es nicht möglich, daß der H. Bernhard auch nur solche vom Teufel geplagte Leute gesund gemacht? Es sind ohnehin in seiner Lebens-Beschreibung nur die geheilte angemerkt, und, wie sehr glaublich, werden auch viele ohne Hülfe abgereißt seyn. Da aber solche teuflisch Kranke, wann ich mich so ausdrücken darf, nach den Grundsätzen des Herrn Gaßners, jeder Mensch, der nur Vertrauen hat, kuriren kann, ja da er die Leute sogar abrichtet, daß sie sich selbst helfen können;

---

*) Ich wunderte mich, da ich das Leben des H. Bernhards las, wo doch damals so viele Besessene herkämen. Und eben darüber muß ich mich jetzt bey den Ellwangischen Kuren auch wundern. Nur lese ich nicht in den Mirakeln des H. Bernhards, daß er, wenn er einen Kranken geheilet hat, ihm zuvor die Krankheit erweckt habe, und das wird man auch bey geistlichen Kuren in der ganzen Kirchen-Historie nicht lesen.

so sind solche Kuren aber kein Beweiß einer besondern Heiligkeit. Warum bedient man sich dann in den Heiligsprechungen zu Rom so zweydeutiger Proben? Die Heiligen haben insgemein mehr gethan, als Herr Gaßner thut, und er sagts ja selbsten, es könne es jeder Mensch so gut, als er, denn er heile nur Teufels= und nicht natürliche Krankheiten. Wer steht uns dafür, daß die Heiligen nicht auch nur solche Krankheiten geheilet, da es doch gewiß ist, daß sie auch viele Menschen ohne Hülfe werden gelassen haben? Als ein Ungläubiger würde ich sagen, diese nicht geheilte sind nur mit natürlichen Krankheiten behaftet gewesen, folglich hätten die Heiligen ihnen so wenig helfen können, als es Herr Gaßner kann. Was giebt man darauf zur Antwort? Solche abgeschmackte Dinge muß man zugeben, wenn man die Wirklichkeit der Kuren des Herrn Gaßners durch den Namen JEsu zuläßt, und nothwendig auch zugiebt, daß sie Wunder seyn.

Es können aber noch weit fürchterlichere Folgen daraus gezogen werden. Es ist bekannt, daß der Beweiß von den Wunderwerken Christi und der Apostel für die Göttlichkeit der christlichen Religion sehr stark ist, und ohne diesen Beweiß fällt eine Hauptstütze unsers Glaubens gegen die Deisten weg. Alle andere sogenannte Motiva credibilitatis sind gegen die Deisten nicht so beweißlich, als z. B. das Zeugniß der Märtyrer, die wunderbare Ausbreitung der christlichen Religion u. s. w. Wir sagen nämlich; eine Religion, welche durch Wunder bestätiget ist, muß von Gott herkommen, weil niemand, als Gott allein, Wunder wirken kann, und weil Gott, als die ewige Wahrheit, zur Bekräfftigung einer falschen Religion keine Wunder wirket. Es ist uns also daran gelegen, daß dieser Beweiß seine völlige Stärke behalte.

Die Gelehrten wissen es, wie sehr sich in unsern Tagen der scharfsinnige Philosoph und Englische Geschicht-Schreiber Hume bemühet habe, die Wunder Christi und der Apostel mit den Wundern des Abts Paris zu vergleichen. Die Schein-Gründe, die er vorbringt, sind nichts weniger als schwach, und viele Therleyen, die selbige vielleicht verachten, werden doch kaum im Stande seyn, sie gründlich zu beantworten. Campell und Leß haben das ihrige hinlänglich beygetragen, den Hume zu widerlegen. Kann nicht auch ein anderer Hume eine solche Vergleichung zwischen den vielen Wundern der Apostel und zwischen den Kuren des Herrn Gaßners anstellen? Es sagt zwar Gaßner, daß seine Kuren keine Wunderwerke seyn, er macht aber Lahme gehend, Blinde sehend, Taube hörend 2c. und eben dieses haben auch die Apostel gethan. Wenn ich also daraus schlüsse: Auch die Apostel haben durch diese keine Wunderwerke verrichtet, sie haben nur Kranke, welche der Teufel durch seine leibliche Versuchungen krank gemacht, wieder hergestellt; es waren ihre Patienten keine natürliche Lahme, Blinde, Taube 2c. Es ist zwar wahr, ich kann dieses nicht geradezu beweisen, aber Herr Gaßner kann bey den Kranken, die Christus geheilet, nicht darthun, daß die Sache nicht so war.

Und

Und mehr braucht es nicht, den Beweis aus den Wundern zu schwächen. Da nun nach den Gaßnerischen Grundsätzen, die Heilung eines teuflisch Kranken kein Wunder ist: so kann man Anlaß nehmen, zu zweifeln, ob diese oder jene Heilung, die Christus oder die Apostel verrichtet haben, eine wunderthätige oder nur eine Gaßnerische Heilung sey. Solche Schlüße kann man folgern, wenn man zuläßt, daß Herr Gaßner, wie er selbst behauptet, keine Wunder wirke.

Es ist auch eben so mißlich, den andern Weg einzuschlagen, und ihn als einen Wunderthäter anzusehen. Diejenigen würden nicht unrecht thun, die ihn den dreyzehenden Apostel nennten. Nach den Aposteln hat es ihm in Würkung der Wunder gewiß keine Seele gleich gethan. Ja er übertrift selbst die Apostel, und ich sage nicht zu viel, wenn ich seit seines halbjährigen Aufenthalts in Ellwangen auf jeden Tag zehen Wunderwerke rechne, die er theils auf seiner Stube, theils noch im Schlafrock, theils aber im Vorbeygehen an den

den niederknienden wirkte. Nur das habe ich noch nicht gehört, daß auch sein Schatten Wunder wirke. Nun rechne man zusammen, welch eine ungeheure Summe die Ellwangischen Wunder ausmachen. Hiezu kommen noch die vorhergehenden, und wenn er zu Regensburg das Glück haben sollte, noch lange einen Wunderthäter zu machen, welcher Apostel unter den zwölfen getrauet sich, ihm hernach in der Zahl der Wunder an die Seite zu stehen?

Und was soll wohl für eine vernünftige Absicht darunter liegen, daß uns jezt GOtt auf einmal mit Wundern gleichsam überschüttet. Ich weiß wohl, daß ich, als ein elender Mensch den HErrn zu fragen: *Warum thust du das?* zu gering bin. Allein, wenn anscheinende Wunder gerade wider gewisse Grundsätze der Religion laufen, wenn sich keine vernünftige Absicht dabey entdecken läßt, so richtet man seine Frage an den Wunderthäter selbst. Man sagt ihm, daß seine Werke nicht von GOtt herkommen können, weil sie gewissen Religions-Gründen widersprechen,

chen, weil sie unnütz sind, und der Religion mehr schaden als nutzen. Das ist der Fall in Ansehung des Herrn Gaßners, in dem sich unser Zeitpunkt befindet.

Viertes Kapitel.

Ein angenommener und gewiß wahrer Grundsatz ist es, daß GOtt nicht ohne Noth Wunder wirke. Der andere ist dieser: Wenn GOtt Wunder wirket; so macht er sein Zeugniß so glaubwürdig, daß man vernünftiger Weise nichts dawider einzuwenden hat. So bald das Wunder, ich sage es nicht aus Frechheit, sondern aus vernünftigen Gründen, bestritten werden kann, so ist das Wunder umsonst, und beweiset nichts,

Was für eine Noth bringet aber, daß so viele Wunder sollten gewirkt werden? Der Unglauben unserer jezigen Zeiten, sagen einige, soll durch die Wunder beschämt werden. Man fängt jezt an alle

Hexereyen, alle Macht des Teufels wegzuläugnen, die Heiligen, und geweihten Sachen kommen in Abfall, und nun giebt GOtt erst recht die Macht des Teufels durch so viele Krankheiten zu erkennen. Andre glauben gar, es sey ein Beweiß für die Wahrheit nicht nur überhaupt der Christlichen, sondern auch der katholischen Religion, und sagen: solche Zeichen thut GOtt, die Ketzer zu beschämen, die in ihrer Kirche keine solche Wunder aufzuweisen haben. Die dritte Meynung geht dahin, daß durch diese Wunder das immer mehr abnehmende Vertrauen gegen den heiligen Namen JEsu wieder ermuntert, und vor allem die Ehre GOttes sollte ausgebreitet und befördert werden.

Ich will den ersten Punkt vornehmen, und fragen: Ist es ein Glaubensartikel, daß es Hexereyen gebe, daß der Teufel unsere Körper mit Krankheiten heimzusuchen Macht habe? Nein, im Tridentinum, im römischen Katechismus, in dem Glaubensbekänntniß Pius VI. das man beym Antritt eines Kirchenamts, oder bey dem

dem Uebergang zum katholischen Glauben beschwören muß, steht nichts davon. Der Glaube an die Hexerey ist also keine nothwendige Wahrheit, die wir zu unserm Seelenheyl wissen müßten. GOtt wirkte hiemit Wunder ohne alle Noth. Vielmehr helfen solche vorgebliche Wunder unter dem gemeinen Volke die Furcht vor dem Teufel zu vermehren, und sie im Aberglauben vester zu machen. Ist es nicht gotteslästerlich, zu behaupten: GOtt wirke Wunder, damit man sehe, wie mächtig der Teufel sey? Nein sagt man, sondern die Wunder geschehen deswegen, damit man die Macht des Namens JEsu erkenne. Allein ist diese Wahrheit auch nur einem einzigen Christen unbekannt gewesen, ehe der Ellwangische Wunderthäter kam? Die theuren Verheissungen Christi, daß man durch den Glauben Berge versetzen könne, daß man glauben, auf GOtt vertrauen, und allezeit Hülfe erhalten werde, predigt man dem Volke beständig, und hat es vor Herrn Gaßnern geprediget. Wir lernen also durch die Ellwangischen Wunder gar nichts neues, was nicht schon alle unterrichte-

richtete Kinder wissen. So bald ich aber einmal weiß, daß JEsus allein helfen kan; so liegt es an dem gar nichts mehr, daß ich auch wissen muß, ob meine Krankheit natürlich sey, oder vom Teufel herkomme. Man sagt allen Kranken, sie sollen auf GOtt vertrauen, mit der Hülfe GOttes werde es besser werden, wenn es anders zu ihrem Seelen Heyl ist. Der Kranke mag nun wissen oder nicht, ob seine Krankheit vom Teufel ist, so wird ihm doch, wegen seines Vertrauens auf GOtt, geholfen werden. Die Wunder sind also umsonst, die uns überzeugen sollen, daß es teuflische Krankheiten gebe. Das Vertrauen, und der Grund des Vertrauens, bleibt doch der alte. Grösser wird es aber, es wird durch die Ellwangische Wunder vermehrt. Wie? mein Vertrauen gründet sich auf die Verdienste, auf das Versprechen Christi, so wie das Vertrauen aller Christen. Diese Verdienste kenne ich aus unläugbaren göttlichen Wundern, welche Christus und die Apostel gewirket. Dieses Versprechen ist durch ungezweifelte Wunder versiegelt, und dieß soll erst durch
Wunder

Wunder von Ellwang, die nicht den hundertsten Grad der Glaubwürdigkeit der Apostolischen Wunder haben, durch Wunder, welche die Aerzte und Philosophen für natürlich möglich halten, durch Wunder, welche wegen mancher den Aposteln unbekannten und hier gebrauchten Kunstgriffe verdächtig sind, durch solche Wunder soll das Vertrauen wachsen und vermehret werden? Nur für den nicht denkenden Pöbel sind sie wol, aber auch bey diesem schaden sie eben so viel, als sie nutzen. Sie steiffen ihn eben so stark in seiner läppischen Furcht vor dem Teufel. Allein das ist noch lange keine hinlängliche Ursache, daß Gott darum Wunder würken sollte. Er hat uns kräfftigere Mittel vorgeschrieben, unsern Glauben und Vertrauen auf Christum zu erwecken, und zu vermehren. Solche Betrachtungen werden kein vorbeyflügendes und gleich wieder verschwendendes Vertrauen in uns erwecken, wie die Gaßnerischen Wunderkuren.

Dienen aber dieselbe zum Beweise unserer Religion, gegen die Protestanten? Nein

Nein, jezt, da sie nicht glaubwürdig gemacht worden sind, gar nicht, und auch alsdann nicht, wenn sie als Wunder erwiesen wären. Die Protestanten würden antworten: wir wissen aus dem Evangelium, daß man im Namen JEsu Wunder wirken könne, wir glauben eben so an JEsum, wie ihr. Ein katholischer Polemiker würde zwaer gleich fertig seyn, zu sagen: ihr habt aber keine solche Wunder in eurer Kirche, wie wir haben, also ist auch unsere Kirche allein die wahre. Der Protestant würde antworten: Eine Kirche sey darum noch nicht die wahre, weil in ihr Wunder geschehen, es werde auch erfordert, daß diese Wunder darum gewirkt werden, damit ihre Wahrheit an Tag komme. Wenn Wunder in und nicht für die Kirche geschehen, so sey es nur ein Zeichen, daß diese Kirche ein und das andere Mitglied habe, das mit einem recht lebendigen Glauben auf JEsum ausgerüstet sey, und daß es in seiner Kirche entweder an solchen Gliedern fehle, oder daß es vielleicht, wenn auch solche Glieder da sind, an der

Ursa-

der Gaßnerischen Wunderkuren. 83

Ursache, Gelegenheit, oder Nothwendigkeit fehle, welche GOtt veranlaßte, diesen Glauben durch Wunder bekannt zu machen. Er würde ferner sagen: Ihr Katholiken habt auch schon lange auf diese Gelegenheit gewartet. Unter einer Million eurer Priester ist der einzige Gaßner, der Wunder wirket, und auf eine neue in der Kirche unerhörte Art, Wunder wirket. Vielleicht gefällt es GOtt, uns auch noch einen solchen Mann zu schicken, der dem eurigen das Gleichgewicht hält. Seit unserer Trennung habt ihr in britthalbhundert Jahren keinen solchen Wunderthäter gehabt. Wartet nun auch so lange, ob nicht bey uns auch einer zum Vorschein komme.

Der Schluß aus allem ist, das, was Herr Gaßner thut, kann nicht unter die Wunder gerechnet werden. Als Wunder hätten seine Handlungen keine vernünftige Absicht, sie wären überflüßig, sie wären nicht genug glaubwürdig gemacht, und also ohne Nutzen. Und doch müßten seine Handlungen wahre Wunder seyn, wenn er blos durch den Namen JEsu Krankheiten

F 2 ohne

ohne natürliche Mittel heilte, wie ich schon oben erwiesen habe. Also müssen sie nicht durch den Namen JEsu verrichtet werden, also müssen sie endlich natürlich seyn, sie mögen auch eine Ursache haben, was sie für eine wollen.

Fünftes Kapitel.

Ich habe noch das lezte Kapitel zu erörtern und die Frage aufzulösen: Ist Herr Gaßner für einen Betrüger zu halten, und soll man ihm sein Handwerk einstellen? Gerade hin für einen förmlichen und öffentlichen Betrüger will ich ihn nicht schelten. Ich sehe ihn für einen geistlichen Arzt oder Bader an, der ein Arcanum weiß, Nerven-Krankheiten kommen zu lassen, und selbe wiederum zu vertreiben. Weil es aber einem Geistlichen nicht zustehet, diese Profession modo profano zu treiben, übet er sie modo spirituali aus, und macht einen Exorcisten, zwar nicht nach der Vorschrift der Kirche, sondern nach eigner

eigner Erfindung, und damit er doch syste‐
matisch zu Werke geht; so nimmt er den
allerheiligsten Namen JEsu zum Schild,
und das Beyspiel der Apostel. Es kann
also wohl seyn, daß der gute Mann selbst
glaubt, es sey erlaubt profanum mit dem
spirituali zu vereinigen, und also wäre er
nur ein Betrüger materialiter. Ein En‐
thusiast, oder Phantast ist er ohnehin,
weil er dem Teufel eine solche Macht zu‐
eignet, daß, wer dieses glaubt, nothwen‐
dig in die Ketzerey der Manichäer ver‐
fallen muß. Soll man ihm also das Hand‐
werk niederlegen? Wenn man die üblen
Folgen, davon wir einen Abriß gegeben
haben, betrachtet; wenn man scharfsinnige
Gottesgelehrte und einsichtsvolle Aerzte
fraget; so ist das Ja schon da: und daß
es bald folgen möchte, wünsche ich als ein
Seelsorger und Eiferer für die
katholische Religion.

Avertissement.

Der berühmte Exorcist wird es mir verzeihen, daß ich ihn blathin bey seinem Namen Herrn Gaßner nenne. Ich weiß, daß er den großen Titel führet: „Der „Hochwürdige Herr Johann Joseph Gaß„ner, der Gottes-Gelahrheit und des geist„lichen Rechts Candidat, frey resignirter „Pfarrer im Klösterle, Sr. Hochfürstlichen „Gnaden des Hochwürdigsten Herrn Bi„schoffen zu Regensburg, und gefürsteten „Probsten zu Ellwangen dermaligen Hofka„plan ꝛc.„ Aber weil Herr Gaßner aus Demuth kein Wundermann seyn will: so wird er auch aus Demuth von Titulaturen kein Freund seyn.